La mujer que se avino

1ª edición, febrero 2026

© *Marisa López Soria, 2026*

© del prólogo, *María Ángeles Pérez López, 2026*
© de la fotografía de portada, *Frédéric Volkringer, 2026*

© *Editorial Difácil, 2026*
editorial.difacil@gmail.com
www.difacil.com
I.S.B.N.: 978-84-10363-23-6
Depósito Legal: VA 78-2026

Impreso en España

MARISA LÓPEZ SORIA

La mujer que se avino

Prólogo de María Ángeles Pérez López

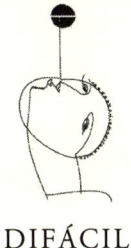

DIFÁCIL

LA INCANDESCENCIA DE AVENIR(SE)

¿Cuánto dura el asombro? Esta pregunta es siempre un reto, se han acercado a ella la poeta cubana Dulce María Loynaz y la peruana Blanca Varela con versos enigmáticos y potentísimos. Puede ser un instante cuya duración sin embargo resultará eterna.

En Marisa López Soria es el asombro del amor, su intensidad, su desborde, su felicidad hacia las palabras que nos empapan en su juego y jugo. Parecería lo mismo pero no, cada amor es distinto aunque lleve milenios soñando con decirse. En cada quien. En ese verso memorable de Goethe que coloca este libro «bajo la alta protección del amor». Sin embargo, traer aquí antiguos versos para el sentimiento más universal resulta suficientemente alejado como las estrellas, esos cuerpos extintos que sin embargo siguen arrojándonos luz. Lo extraordinario es que tiemblen en el hoy de quien lee. No hay poeta que no haya sentido ese llamado.

López Soria, que antes había publicado dos libros de poemas (*En consideración te escribo* y *Muy señores míos* [Difácil, 2023 y 2020]), enciende la imaginación amorosa en *La mujer que se avino* porque las palabras se rozan, los corzos se vuelven heteróclitos y salta la expresividad del avenirse, ese verbo pronominal para entenderse bien, para concordar (unir de corazón, ponerse de acuerdo, tender una cuerda de un corazón a otro, como si se desplegase una intimidad que persigue la armonía después de haber conocido cataclismos). Cantan al fondo Aute, Jacques Brel o Billie Holiday, y en medio vivimos el asombro, la sorpresa, el salto que es vivir por el amor. De Petrarca a Rosalía. De Lorca a Carl Sagan. Con humor y amor, que riman porque con seguridad quieren entenderse o avenirse. Ser doble felicidad, el bienquerer.

Por el conjunto de su trayectoria, muy destacada en el ámbito de la narrativa, la literatura infantil y juvenil y la pedagogía de la lectura y la escritura, Marisa López Soria recibió en 2022 el premio *Meteorito Literario*. No puede ser casual esa palabra, creo que ambas se funden. Ambas alcanzan tanta temperatura que todo se entrega a esa fuerza y fulgor, luminosidad dejada tras desintegrarse. Cae materia del sistema solar sobre la atmósfera terrestre, y la página se mueve como lo hace la corteza de aquello que pisamos. Es incandescencia por la presión de choque. Las sílabas como granos de polvo estelar que entran en la perfecta retícula 3D que hemos dado en llamar libro.

Leer así el amor es sentir que se ha venido de otra parte del espacio, porque sus versos son viaje y nos movilizan: *La mujer que se avino* es un hallazgo. Es quien enciende la cálida alegría del idioma. La que se entrega al amor en la primera parte del libro, y a su propia genealogía en la segunda parte, pues es hija de la destacada escritora Josefina Soria y con ella conversa hermosa y dolorosamente. Sabe la poeta que búsqueda y hallazgo pueden darse al mismo tiempo. Ella nos hace esa doble ofrenda con porosidad y fusión de varios registros, entre lo lírico y lo irónico, lo culto y lo coloquial, la rima y el verso libre, la onomatopeya y algunos términos deliciosamente ajenos a lo «poético»... Es su modo de estar en el lenguaje, aquello que diferencia una voz. Lo que llamamos estilo y hallazgo. Lo que llamamos regalo.

Los meteoritos se nombran siempre a partir del lugar en donde fueron encontrados. Este libro y el meteorito que recorrió el cielo suman el nombre de una mujer.

María Ángeles Pérez López

Al que me da de cantar.

A madre, la mi madre.

I- CUERPO CÓSMICO

(lo inefable)

Existe un periodo de tiempo curioso, de titubeo,
entre la primera brisa
y el momento en que rompe la lluvia.

DON DELILLO

¿Qué tengo dibujado en las entrañas?

SAN JUAN DE LA CRUZ

TEST DE POEMA VENUSIANO

Yo te amo

Je t'aime

Ich libe Dich

Io t'amo

¿Cuánto?

Ponga una cruz en la respuesta adecuada.

Con fervor

En tiempo tridimensional

Lo frecuente

Con vértigo y locura

Al modo de Petrarca

Malamente

¿Hasta cuándo?

Hasta desfallecer

Hasta el 15 de septiembre a las 17:35

Hasta que los pájaros florezcan

Hasta que tires los calzoncillos al suelo

Hasta que los océanos se evaporen

Mientras no silbes durmiendo.

    Desataré mis trenzas

    para poner la cruz donde convenga

    sino y significado afloran inconscientes

    en el museo de pérdidas.

    Mas hete aquí la gracia, el quid de la cosa.

Borrador de aprendizaje vislumbrando nuevos dones

Fue   que como yo no iba   se allegó la montaña
ahora y en la hora   refrendaba sin margen para error
y ya que me conozco, tanto gusto y encantada
         le celebré los signos y el carácter.
Ay, loco corazón, ¿no andabas de baja y custodiando?
La nube del olvido os pulverice tristes apegos.
Sea hora de habitar este conjuro
despiértame despacio   cobijemos la quimera
y que mi talle cimbre al eco de tu palabra   ofrezco
consomé bullendo al fuego sureste de mi casa
y contención para mi yo guerrero.
Adiós certezas, ¿o eran cerezas?
La montaña se alza y otea el mar   rezuma agua el terreno
pastizales, biomas, ovejas, cabras…
Va de resultas
—decir lo que sentimos concierta—
esto son hechos   se regeneran las estrellas
la golondrina busca hospital en invierno
                y van los ríos a procurarse la mar.

14

Si acaso cultivemos la magia de la naturaleza

Música del universo es el grillar
—monódica cantinela de apareamiento—
la ciencia establece cabal relación
entre calentura y sacra citada
—*cri cri* del grillo en la noche—
ardores al margen   flores el amor abril…
chalarse trastornarse grillarse irse el tarro la cabeza
perder energía en el control es lúdico festejo.
No desdeñaré al que canta bajo mi ventana
lo invitaré a pasar   —ensueño del acaso—
y en dulce ronda de correspondencia, agua
azar y alquimia   *bajo la alta protección del amor.*
(La suerte nos habita entre candor y duda.)

Más de dos billones de galaxias

El nitrógeno en nuestro *adeene*
en nuestros dientes el calcio
el hierro en la sangre
el carbono en nuestros hojaldres de canela...
Gozamos cuerpo estelar en trayectoria por los siete
astros errantes   además, tantísima galaxia
helicoidales esféricas lenticulares
y prolongadas.
No digáis que no es
albur   ventura   suerte del dado   divino azar
—en las afueras y adentros del globo terráqueo
en la vastedad del espacio y en la inmensidad del tiempo—
neto prodigio y acaso de lo inefable
espíritu de lo fenoménico y poesía matemática
que dos cuerpos   —materia sideral—   se encuentren
                        y se descubran acierto.

Concurre sutil arrimo

Monto   allego con alegro   me avecino
cautelosa
soy la lagartija al sol en la pared de cal de tu terraza
tengo próximo el refugio
déjame hacer quietud   paciencia   no me perturbes
o a la menor señal malograré el porqué
—solo tendrás presencia de restos de mi piel—
y alarma alarma.
Huida.
        No soy yo la venenosa.
(Recuerdo traigo de golpes, zarpas, sangre, salpicaduras.)

Sujeta que avista prodigio de concordancia

Stricto sensu
tengo la impresión de que mucho no me necesita.
¿Perdón?
Considera máxima luz asunto del *bienquerer*.

Intuitivo bosquejo desbrozando el laberinto

Entre lo que sé, lo que intuyo, y lo que no sé
detesto
la caza con rapaces, los manipuladores
los acres, vanos, mansos   tal cual
lo gótico, lo ejecutivo, lo estándar
lo riguroso, las flores de plástico y papel
el engaño
o expandirme para luego encogerme.
No digo yo que no aprecio lo que veo venir
—creí que no quedaba nada dentro—
digo lo paradójico de este abandono
y no saber adónde   pese a que
me da en la nariz pálpito fructífero.

Me explico.   Presiento simetría
perdurable bajo mi techo y en lo recóndito
aguardo
un concierto de polen para las flores de tu manzano
donde un clan de totémicas abejas   engendre primicia.

Amar primero, siempre habrá tiempo,
luego, de saber por qué se ama.

ANDRÉ BRETON

Cuando dormirá mi piel tanto desasosiego

Turbación me confunde   qué audacia
aunque me suena este poema que taché
              y entregué tantas veces al azar.
Hoy cargo azahares   mas no es fragilidad
la entrega intuye plenitud   a los pesares
de la sintaxis loca de este abismado soliloquio.
¿Será nueva catástrofe? Curioso que el órgano de fuego
con un solo latido reavive sangre muerta.
¿Qué hacer con tal motín?
Extraña agitación   todo es tan fortuito, accidental…
No osciles certidumbre
la vida es ese río que transita tierra porosa los días más difíciles
—lluvia es instante, Proteo, metáfora, golpe de suerte—.
Cierto que sofoca articular, de nuevo, una por una, las letras
                              de la palabra.

Fumet en aserto del mundo

Regreso del mercado con raspas de tres peces
haré fumet con ellas y un poema sin abrojos
—aceite, zanahoria, apego, vino blanco y apio—
donde se toquen la punta de tu nariz y la mía.
Bizqueo.
En el aire ronda la magia cuando respiras.
Qué extravío de inuit no verte antes
o despreciar las raspas sin alcanzar
reverso ni buen caldo.
(Tantas veces se nos traba la evidencia.)

De coger vinagrillos, flor de ensueño

Acabose, saltamontes
          —vamos, despierta, aún no has visto nada—
vengo de descubrir nuevo cosmos   es afín
se aproxima palpando la nervadura de frondosidad perenne
rodeada estoy de vida   alzo mi pañuelo blanco
quiero morder ese trébol agridulce
y si es verdad lo que advierto
si conforme y tan sencillo   si benéfico el vislumbro
si innegable y hacedero   si franco si natural
vamos a ser colmo de la quintaesencia
          —los elementos y nos—
y nada más   apenas nada más.

Presumo que no me atrevo, pero voy

Llegó porque llegó
traía algo inaudito   por eso me fijé
el pulso acelerado pupilas dilatadas
y casi sin querer palabras suaves bobas salían de mi boca.
Dije sin prevención de herida   verás qué fácil
soy un fue y un será   probemos lo acendrado
llegan a la sazón alegres *parasiempres*
—los pájaros vivaces no destrozaron todo—
descalza este domingo te propongo frescor
sin lazo ni ligadura
no me des por sentada no soy *casa ni madre.*
Yo haré lo mismo
en tu lengua, opalino, dejo un delfín, y en el pelo espiguillas
—apelo al vínculo de feliz solución—
mas no es juego del que se obtenga cualquier botín
en este ir y venir de viceversa
            —si ocurre, *quedito, pasito*—
amor asomará   e intimidad querrá apuntarse el tanto.

La duna es movimiento no ocultación

Bejucos caricias y frondas anclan la sangre que se creía nómada
rodéame los hombros, sin retenerme, que yo me quedo
estoy aquí, me ves, el pelo suelto, los ojos brillantes
y sed antigua
como gota llovida que aguarda a cumplir ciclo
—aguacero es la llamada—
avanza   anega mi reservorio
pues que yo ya me quería cuando descubrí quererte
y dejé que me quisieras.

                    Del no al sí, ¿cuántos quizá?
Cíñeme, amor, prendida de tu voz carnal

                                te convoco.

Observancia de propiedades en fluido amoroso

Si hay reparto y sustento del roce
no es vulgar deslizante el humor salival
va más allá   sabe ceñir y divertirse
con su *noventaynueve* por ciento de humedad
supera, aventaja, le sobran las palabras
cuando acaricia, roza el cielo de la
y permite que albúminas y catalizadores
se expandan placenteros y envolventes.
Como quien dice cenar
así me di a tus amargos y a tus gérmenes
así te diste tú a mis bacterias y mis ácidos
feliz intercambio de iones con viveza
y consentido aboque de enzimas
debajos y electrolitos   todo un ejército
propiciando el predestinado vínculo.

Et voilà, sin poder llegar a imaginar la tibieza de este utensilio

Concluyente va tu boca
                    hocicando   de un corazón   lo abisal.
(Re bemol ensimismado y sinfonía cuarenta sostenida en sol
                                        Ooooh, Wolfgang.)

Mi poesía y las manzanas
hacen la atmósfera más fina.

Inasible tintino de la lluvia en reseca cicatriz

Sin entreabrir ni entornar
de par en par las puertas
ábrete, sésamo.
Llueve. Splash. Splosh. Splash.
Repiquetea. Plic. Plac. Clop. Clop. Clop.
Si las ventanas son francas se ve el huerto
y el jardín adentra aroma de estrellas
desabrocho tragaluces y nos invade el encanto   purifica
son las flores del peral.
Abro abro abro   aspiro   aparto lo que no.
Llegad hormigüelas, colibríes, mariposas…
abeja   cuélate   congenia poliniza multiplica
celebra y cuéntame cuántas gotas trae esta lluvia prodigiosa.

Empero en imitación de cigoñinos

Llegada primorosa y dual eclosión
aliento brisa Ícaro núcleo anhelo
 —sin vértigo ni seguridad—
resolvimos no obstante
entregar al aire nuestras muy volátiles moléculas
 —cuerpo cósmico—
carga fuera don del vuelo y el manejo
trepar al nido de cigüeñas orear lo mudable
soltar lastre de lo importuno
       y dejarnos
   volar   volar
      volar
  volar   volar
      volar
        volar
volarrrrrrrrrrrrrrrrrr.

¿Está seguro el oro de Troya?

EURÍPIDES

Desmayado miramiento ante un surco que no acota riesgo

Si llegas y me anegas   tal vez colmate
o flote ondisonante   resbaladiza   chof, chuf, chof
aludo a tu aguamala de originarios palpos
sé bien que, al roce, pican y duelen
perjuicio y frote. ¿Qué vas a hacer conmigo, amor?
Tengo *azano, espíritu de Hartshorn, tridiuro de nitrógeno*
ya ves que no soy hacedera   puedo ser irritante
ahora bien, debes saber   disfruta licor
mi diario de enjambres y   por si no o por si sí
en descarada consumación y «de mientras»   *voilá*
me dispongo al confite
    contorsión de tus dulces calambres.

Pequeño cuásar en proceso de fusión

Como una oruga que ralentiza su ser para crearse
   —atenta a lo externo—
tuve tiempo de interesarme por diferentes posibilidades
   —siempre tan generosa—
no sabía que hacía perspectiva comparada
—comparar es fundamental para entender el sistema complejo
de relaciones múltiples—
esto es   una sucesión de cuerpos discontinuos   a pique
de entregar mis alas   quiescente candelilla
—taxidermia, alfileres, marco negro de madera—.

Hoy, con el enigma y arte de una supernova
—final de ciertas estrellas muy masivas—
                               acontezco.

Prueba concluyente de que es lo que creo que es

Pues pretende   mas no dice ser   ni abunda
—no prometía ni juraba—.
Y yo   que soy docta en malgastar
requería la prueba del algodón
no fuera a ganar lo mío   así como así sin más
mis ratos de mal humor
la colección de tebeos   meandros acurrucados
silenciadas fantasías   mi voluntad de porosas zeolitas
y otras tantas muchas cosas sustanciales, o puede que baladís.
Pues que tengo   —yo en cambio sí prometía—
la suerte de mis mañanas
las lentejas   la familia edificada
de improviso una sorpresa   el trofeo, el entusiasmo
perspicacias, chifladuras, agudezas
                    el gentío que me habita.
Sé bien lo que va después
—en su ausencia—
soy la gata que maúlla y maúlla por la casa
                    estregando sus rincones favoritos.

Fondo de besos en boca trancada

Se me ve todo desde el hondo de mi mar
a caballito mis fantasías
y aunque no valga nada la observación
sin cremallera soy la *crème de la crème*
pese a esta boca reseca de lagartos llorones
de emails infectados de indignos apegos
donde quiebros descalabros y virus   eso sí
en rebeldía, sin ceder los hermosos jardines
al baldeo de Valente, Zymborska o William Butler Yeats
—no sucumbir al reclamo de sucios airones—.
Bien que justo hasta aquí   nadie
supo bordar la flor de mi nombre con llaneza   ni abordarme
ni a mí ni a la séptima letra
ese oleaje, esa flota que solo el que se avino me sabe
siquiera sin desabrigarme.

Ridícula muchacha imitando a golondrina

Vendría a mí más cierto que el mediodía
sería loco por yo   su nombre sería Pablo
paaaaa   blooooo
¿no sabe, acaso, Pablo, a nido?
—ramas barro saliva—.
Con ese nombre fui tejiendo los huecos de mi cuerpo
—en cajitas las bobinas y las hebras de colores—
bordé punto de cruz en remate de las ingles
con el huevo de madera fui zurciendo los fondillos
macramé de nudos persas asenté al sillón de Venus
primorosa artesanía del croché cabe el *coin de l'amour*
trasparencias para el pupo con encaje de bolillo
—el piercing vino después—
seda de la morera en la fiesta de mis manos
y entre risas, vaina para la vagina   mundo revoltoso y libre.
Digamos que tramé hogar y decoré el domicilio.
            Mira la cosa
            resulta que te avienes y no te llamas Pablo.

Pur, pluie, jour, lac, seul, onde, feuille
PAUL VALÉRY

Street ensoñando graciosos y dulces esponsales

Bodoque, nube, apio, insecto, vela, estrella y aceituna
hay días que el corazón estalla en la *street*
no rige la cabeza, detona, reactiva a mil por hora
el músculo celebra que bombea   parece ido
va pleno de virtudes, de nutrientes
la intención es templanza, aunque cuerpo no cabe en sí
se desarregla, se desborda y excede
habrá contacto si afectos se coordinan
querencia está en el viento, barrunta ciclogénesis
¿se ven, acaso, de día las Perseidas?
                    ¿hace niebla o azul hace la luna?
Llueve   salpica de abajo arriba, propaga el aire
en hondo y en asfalto soy la nube, el agua, el charco
huele a tomillo empedrado cuando el auto danza
esquiva y cabriola   qué peligro
jadeo frente al semáforo que enroje avisando
oye, amor, el corazón estalla en la *street*.
Hay días plenos de magia y es bien ir hablando sola
boba felicidad al corear
bodoque, nube, apio, insecto, vela, estrella
                            y aceituna.

Cumplidos sueños por sobre mares sin contención

Candor es lanzar una botella a los mares del planeta   buscando
lo improbable lo remoto lo excéntrico   bomba al agua
                    —cinco océanos, cincuenta y siete abundancias
Asia, Europa, América, Oceanía y África—
mi solitaria botella competía con Neumayer
el soñador que arrojando miles al agua
se propuso medir mareas, flujos y pleamares del mundo
colosal utopía de favor y misión.   ¿Sin respuesta?
—aguzad oídos vírgenes en vela—
Georg Balthasar von Neumayer descifró   botella a botella
                    cómo aclimatan la tierra las masas de agua.
Yo supe de un sentimiento antiguo
—la senda nacarada del caracol, la demora del elefante en la cópula—
yo supe utopías y entereza.
De vuelta, mi botella recado traía:
            Hermosa Eva, ¿adónde vas esta noche?

Pulso rítmico en atisbo de olimpiada

A veces hay que lanzarse a dar saltos mortales
sin pretensión del oro.

Y a ver qué pasa.

Procede decirlo de un fragmento sin mayores atributos

Si consideramos lo que puede verse
tengo la impresión de que ni un átomo ni nadie
se comporta igual si es contemplado o no.
Me miras
y esplendo en partículas luminiscentes
estamos en enero, no es radiante calentura
es luz fría de la temperatura ambiente
contiguo me iluminaste   con eso
todo cuerpo expuesto al calor modifica la mente
enrojece o blanquea y emite brillo.
Véase lo excepcional   descubrirme en un bazar
la feria en que me ocultaba entre objetos sin valor.
¿Cómo me localizaste con la luz tan apagada?
Procede decir que actué como el átomo
y en tus pupilas, ave del paraíso.

Que tú me ves los ojos verdes

No seré quien lo desmienta
que soy sin competencia, original e impar.
Amén   si tú me ves los ojos verdes
la silueta espigada, la sutileza, las maneras gentiles.
Me identificas con lo que te produzco
                —relato ficcional de trazo fino—
letra sobre la que vuelcas tu hermoso contenido
naturaleza de lo total, mundo y la casa.
Será   si tú me ves belleza regia
anémona silvestre, remanso, aire preñado
mas soy encrucijada
                y un hormiguero de gente anda por mi corazón
—estate al tanto de mis ojos rebeldes   brunos
                                poco usuales—
no seré quien lo desmienta
rubia soy si así me ves, la piel de nácar, ternura y muy
cuquillo   aceituna delicada de piel
                amarga y ácida punto de aroma y sal.

Recreo cuantioso sin cuerpo cósmico

Hoy rompo aguas en fogata de cuerpos
    —préstamo del deseo—
la gana cabalgaba mis muslos con caricias impúdicas
    —anidaron en hondo abejas de la miel—
y un pozo con pretil, cuerda y cubo traigo al fondo de los ojos
aposté todo
seda en las hebras de mis pestañas, sofoco en las mejillas
rocío en hombros a descubierto   placer, verbena y fiesta.
Tan radiante regreso de lo soñado   que mira
desperté muchedumbre de sensual relieve
y un congreso parezco
gramática desvergonzada y lomo a tomo
             ·   enciclopedia de anatomía.

Tamaña entropía del desorden

En cuanto a ti y a mí   *amanteamoramigo*
seremos floración   calandria y pardal que pía
la voz de un narrador   escalera
secreto y parte   amanecer   cadena trófica
cantar de los cantares   significado
ventana   la liturgia del beso   portón
abono de elefante   juego   perplejidad
frescor y media luz   los ocho mirlos
saga y vivero   lo que no osáramos soñar
pentagrama infinito al compás de Jacques Brel
cormoranes al desgaire
dos insolentes pidiendo a voces que las campanas toquen a gozo.
Tú y yo seremos fruta recogida.

Opio divino de la indolencia

El alba al filo de los ojos   tu boca como al descuido
y qué ganas dan esta mañana   no levantarse
dejar solo el rebaño
abandonar a su suerte el trigal y el arreglo del hato
dejar   dejar   dejar   los términos comunes
haberes por la ventana   y a tu orilla
la voz de miel:
                    —No te vayas. Ojo por ojo.
          El que me guarda tiene la culpa.
Es bello y persevera
en sus brazos asoman estorninos y gatos sin paular ni maular.
Al alféizar me acodo dando aliento al del reclamo
¿será chispa que salta y después se extingue?
Sea. No pienso descartar ni un gorjeo del placentero trino
le pido un pájaro y me dejo hacer.
El corazón revolica.
          De todos modos, *te deum*, jaculatoria entono
                    favor, no golpeéis mi puerta.

41

Festín en plaza pública con suflé de acelgas

Aunque no me apetece, elijo verdura y pescado en el menú
no corramos la voz entre los comensales
seamos cautos al asomo en los ojos
y ya me ves que estoy desnuda   ¿cómo así?
el brillo en la mirada y el roce leve es homenaje al desmán.
¡Qué desconcierto cuando la vida cruje!
He visto suplicante tu mirada en las acelgas.
¿Y si nos vamos?   O nosotros o ellos
—las sobras, por favor—   mientras yo, la verdad
prefiero rasgar la amanecida y entregarme
a su lengua en mi boca nadando como pez.
La queda se hace larga   la gente es importuna.
—¿Qué será la señora?, irrumpe el camarero.
Tengo que responder:
                    —Puede que sea un sueño.

El que me da de cantar

El hombre que se avino
no trajo joyas ni añadiduras   llegó
con manta de cobijarnos, tapaderas, fuentes, cacerolas
y en las toallas aroma de tierra fértil.
Es muy extraño, es diferente, nadie le iguala
su seda teje cicatrices del jardín de mi vestido
silencio asienta por oída, prudencia por palabras
no hay mapa parecido por gozoso
usa talante de amor humor que rondan las amigas
vaya misterio su esencia de pan y *mirabelle*
los doce meses Eros   me baila el agua
y dice recordarme de cuando fuimos delfines rosas.
Cosa tan rara, magia simpática, que este hombre
tan hombre, tan elegante, no precise adjetivos
no utilice *hugoboss* ni reloj de marca.
Él, sin anillo ni grabada la fecha, esposada me tiene
con hilos invisibles y con un secreto
                        que solo es nuestro.

Pormenores, café y virutas como fantasmas

Y combinar la goma de nata de sus labios con la Milán 430
mezclando suavidad y versatilidad
sus resultados son sorprendentes, sin abrasión
no quede nada
apenas virutillas del borrado   —errar es humano, Séneca—
fragmentos de atrás   restos prendidos   huellas
ese chato sistema de microorganismos   consta
aunque no lo veamos   e incomoda lo indeleble
restos de piedra pómez, tizne y metales en mi hilo de voz
—afino, toso, modulo, carraspeo, vomito—
no crean, sin embargo
el mundo entero debería empezar a memorizar
con acentuación prosódica e intención de epígrafe perdurable
el pronombre nos
ahora que tomo templada el café
                    y su sonrisa me besa los buenos días.

Dígame cosas, favor (al oído)

Te llamaré cosas sencillas:
semilla de habichuela salvaje
hoja de acebo, chispa y adverbio
harina de panocha, niños jugando
me gusta estar contigo y desnudar la equis de tu ecuación
has sido muy amable al acogerme
en tu pelo despunta el alba
floración del olivo, valor y fragua de porvenir.
asombro, explicación, parábola, rincón del ángulo
eres lengua materna y orquídea destilada
acaríciame el pecho con ojos de montaña y manos de quimera
¿acaso no lo ves?
bandadas de pájaros se avienen a buscar nuestro asilo
completamente ciegos.

Embriáguense. De vino, de poesía o de virtud.
Es tiempo de embriagarse.

BAUDELAIRE

Spleen y Niágara

Los sábados del año tomamos nuestro tiempo
somos exploradores   recorremos
caminos de París, volvemos al callejón del gato o a Mulhouse.
No hay nadie más   nosotros
pero qué alegres las calles de guirnaldas enhebradas
huele a hombre, a madera y jazmín cuando giro
cambio de dirección y alcanzo la curva de su omoplato.
Otras veces bolardos en las aceras
límites del tiempo   —jornal de adeudo del vivir—
mas estos amables días de licencia
no hay viaje menos largo, colmo de mies
paisaje de higueras ovejas y jilgueros.
Se asedia con dulzura
torres y fortaleza en busca del pistilo
avizor no se cansa de pasear almenas   sin premura
lanzarse y vadear el lago
cruzar el laberinto y encelada   jugar de mi adentro hacia ti
despertar al dragón   fuego en la boca   ¿te rindes?
uncidos   nos rendimos

persiguiendo el parto de la piedra   la escorrentía por las ranuras
en cuevas oteros y altozanos
                    —regalo tentador son las aguas vivaces—
Iguazú en bajada a Garganta del Diablo.
Juramos quedarnos a vivir en sábado.

Enmimismado tumulto desde el tranco

Lo miro desde el umbral y advierto.
Se le nota en la cara la paz y la audacia
hasta en el gesto distendido de tomar ofrecer
besar las buenas noches los buenos días
recoger lo que se ha caído al suelo
cavar el hoyo para la higuera el laurel
salvar del hondo al gato sosegar
cubrir mis hombros y atender
es de crianza ofrecer la única naranja
o dejar pasar primero en innata cortesía
                con el «clo» de su gota de miel.
Se le nota en la cara la audacia y la paz al no ceder y al ceder
atento y sin cuestionar actos amistad o amores
inaudita condición de regia estirpe
donde panes y risa son *muchosidad*, nunca se gastan
cuerpo cósmico acorde a nobleza que tendrá en mi casa lo que da.
A mí, con él, se me nota en la cara el disturbio.

Fonema oral de mi gato atigrado

Todo no es lluvia
causa del terrible dolor que deja en la garganta cierta pronunciación.
Hubo largos suspiros bajo la mesa, en las alfombras, en la cocina
inundando la vieja casa austral a pedazos, a ratos.
Hoy celebramos nuestros mejores días
los prietos granos de la granada
la gallina ponedora que nos alimenta
la estela del avión y el cielo despejado   la procesión de hormigas
el hombre junto al molino atento a los halcones.
Ahora es después del aire helado, de la sequía
no fue sencillo escuchar a Schubert, Billie Holiday, Serrat
o la trompeta de Miles Davis sin oído absoluto
sin advertirlo todo   timbre tonalidad ritmo
frecuencia intensidad melodía o compás
y no es banal la geometría del sol al sur
o esta abundancia otra
que a efectos de la escucha subraya la limpidez de su voz
entre los círculos sagrados de la fonética.

Parece lo que es, poemamor, todo a la vez

Por un lado
              plenitud
casa, uno e incendio.
Ambición, república y pregunta
              pájaro
por otro lado.

Boquiabierta ante la madeja que regalan los días

Pasmada   en vilo el alma
pues me tocó vivir sin entenderlo todo
que la luna se llena y se vacía
que hay días sin alarma
que el sol aviva tierra y arde cosecha
que siento estragos en la piel   —múltipla de otras varias yos—
que veo perfección, calamidad, preciosidades sin concebir
que soy fea, hermosa
que a otro quise y ya no
que comprender no es necesario
sino que estamos vivos y estornudamos
que nos acechan virus invisibles y mil vicisitudes
¡qué maravilla!   hay ríos que son venas, cadenas incorpóreas
y aunque seamos sombra, concebimos pensamientos intrépidos
que a veces soy la piedra o generoso cedro, vacilación
relente, vertedero, corzo heteróclito
que sabe amargo el lúpulo de bebernos los días
aunque en recreo se vistan de festivos
que siendo mi calle de doble dirección y el estupor me inunde
hay gritos coches e igualmente pájaros en las ramas
que soy ventrílocua de atávicos versos y confín
de un hombre nómada buscando hogar
que, por supuesto, hay tiempos arbitrarios, torpes   mas

salvaguardo albricias y amor a voluntad   de ahí
el asombro y el cuidado.

Cuerpos cósmicos en Altamira

¿Qué guardará de nosotros la vida a nuestro paso?
La hoja que hizo música en aquel bosque, gama de fuego, huella
en la nieve que ofendimos   la hormiga que ajusticiamos
el viento revoltoso en los áloes   la margarita que no cortamos.
El halcón que vimos detenido ante la presa   la captura.
La tibieza del lago, la fronda del castaño, el cervatillo, el silencio
                    la desmesura, la filiación de la hembra pez.
¿Qué dirá de nuestro paso la nube instalada en mi cabeza
y su copiosa lluvia, aguacero siempre a deshora, la sal y el pan
                                    de pueblo
        la tierra con sus sendas, sus cosechas y su campo magnético?
Quién admirará la magia intermitente de las estrellas que nos cautivan
                    cuerpos celestes que aturdieron a estegosaurios.
Y las luciérnagas, qué profusión
la hierba verde de asombro, el pico amarillo del pájaro mirlo
que no era blanco.
El riachuelo que alivió nuestros pies, el aullido, el énfasis,
                                    las cañaveras
el miedo de la noche, los sonidos crocantes, el perro que ladró
la cabra, la vaca
el cráter donde caímos ambos, nuestra historia de amor, el vértigo de ser
tulipanes crecidos al borde del camino o guijarros respirando
                                    vida interior.

¿Recogerá la montaña nuestros abrazos? ¿Le quedarán prendidos
                                    efluvios, caricias y promesas?
Si nada queda después de tal milagro, si todo es fragilidad y desorden
                                    sígueme. Ven
tallaremos dos rojos corazones al fondo de la cueva   gruta profunda
y que los siglos, o una niña, nos encuentren.

Y un gato de porcelana pá que no maúlle al amor.

Ventolera en noches de todo tiempo

Llega tifón ciñéndose a una hoguera
ha elegido morir   ser flor de un día al roce.
Allégate a libar mis ojos   mis cisuras
enarbola tu mástil. Aneguemos la barca colmatada
aúlla palabras en mi oído   *el cuerpo prevalece*
culebrea hasta lograrme   seamos superficiales   seamos piel
y muera aquí la elegancia del verso.
Alfa y Omega hemos. Bebamos, yo amamanto
y, si es preciso, sucumba la palabra al cincel de tu saliva
tan fétida revertirá la carne   incontinenti
que solo aspiro a caudal   nubada   océano
y el mundo nos bendiga esta hondura de amor que se sabe ruina
mañana pediremos perdón   tal vez volvamos a ser ángeles
sin llanto o risa   no deseo.

Abrázame y deja que llueva

Murmurarán al comprobar la ligereza acompasada que nos habita
dirán que tú, dirán que yo, que si no, que si sí
susurrarán como resaca que deposita plancton
playa que asienta aire viento olas
y guijarros batidos, las medusas violetas, los erizos
agua de mar brisa de costa salitre
tacha de mí y de ti, sin duda, celos de vida y sexo
—no alojamos galerna—
                    mas ellos, crispados y sin faro
con jitanjáforas *fantabulosas* enturbiarán señales
borrascas, inclemencia, sed redoblada sin encontrar
orilla certera ni horizonte
dirán lo que dirán, deja que llueva   nada lastima lo que no puede
dos a ultramar   barrera de arrecifes y corales
codo con codo faz a faz
y corran la voz, difundan prodigio los correlimos
cormoranes, delfines, vuelvepiedras, zarapitos, falaropos
chorlitos y cigüeñuelas.

Una puesta de sol es un fenómeno intelectual.

FERNANDO PESSOA

Visión cósmica sin vínculo con bardos, y a mi aire.

Se pone con rubores estridentes   oh, llamaradas del ocaso
no obstante   —anagrama independiente—
no me conmueve la Luna   —*prefiero a lo que miro, lo que creo*—
las Estrellas, las Flores ni las Golondrinas que vendrán en Primavera
nada de trinos frondas lluvia auroras nubes ni jardines
viñas arroyos azucenas   no rimo versos tristes
la noche esta estrellada *y tiritan, azules, los astros, a lo lejos...*
me concierne lo que no nace de estampas
                            inmune ante la lírica fenoménica
—*no es la naturaleza la que nos enseña el amor*
sino madame de Staël o Chateaubriand—
¡dejadme a mí de pájaros!   jubilosos me anidan
y agitan lo que desconozco:
polifonía íntima de átomos   la mujer y el hombre
arte de los que se afanan en el misterio   tiritando.

(Sea   no es óbice   el esmero del alba.)

Lo que moja y cala las entrañas mías

Hay un bosque en mi casa
quebradura de arbusto, la breña del lentisco, agraz del acebuche
almendros dulces, olivos, madroños e higueras
hay millones de nidos acopiando altas ramas
                              sucede en abril a ciencia cierta
porque en verano todo se agosta
es en otoño cuando la tala   entonces melancolía brota
en ojos que advierten hojas que barren para sí
y el pelo es berenjena huyendo al sumidero donde se oculta invierno
lapso frío   con bruma en las historias, con abuelos y labores.
Hay un bosque en mi casa
donde anida venturanza   y dos es festejo y bien
en cambio, vigilia y lobo, cero, son noches feas y desteñidas
—espeso es el silencio, crepúsculo no duerme—
nada, no se ve ni una estrella cuando aflora el verdín de la ducha
solo   si de nuevo despunta albor
lluvia rescata de la empapada tierra la ambición de su jugo
amor remoza besos, y se aparta el boscaje
con los brazos, la boca, las piernas y el aliento del sexo
es otoño, es verano, es invierno, primavera
                    reverdece lo mutuo   lo que permea y no se deja ver.

Y en esa luz triste un delfín tallado nadaba.

T. S. Eliot

Memoria de colapso gravitatorio con marcadores

¿Y bien?   A incomodar entró a saco la muerte
sin inocencia, abrupta, sin anunciar señal
toque o virada   del géiser brotó el nenúfar
—semiótica de culpa y drama—
y sin embargo, a la misma cita, con polvo de los días
vino a inundarme *Eros.
Habráse visto el caso. No puede ser a mí
no soy Beatriz ni Laura   es sinsentido fatal
no hay razón de acabamiento   ¿callarás a Petrarca y a Dante?
es inaceptable, absurdo   ¿dónde está el significado?
favor, *seme leve* para que pueda contarlo.
De natural levantisca zanjé la declinación   —Berenice victoriosa—.
A socorrerme, livianos, ella, *aquel
          y con su tónico inútil   la palabra.

Cantadero del urogallo en su selva con gata montés

Algunas noches me detengo a pensar
lo que con él se avino arraigado en el pecho
algunas noches advierto cómo   a sus ojos
otra luz se le escapa en migajas de nostalgia
la trajo en su maleta y le asoma en baladas
de Brel, de Barbara o Bashung
—nuestros muertos nos persiguen—.
Algunas noches   son atisbos
se diría que prevalece otra tierra de cigüeñas y águilas
tierra de helechos, hayas, lagos
bosques de arces que, por lo densos, parecen negros
e imagino lo que temo   debe sentirse fatigado
de esta fiesta de sorpresas que yo le preparé   y añora
campiñas más verdes, amigos, modos, costumbres
y un norte de apegos donde pervive el urogallo mágico.
Algunas noches, peligro de extinción, mi corazón
que es planta trepadora   se encoge
envuelto en rulos de colores de un campo de maíz
y revierto montaraz.

El ojo del fotógrafo fundamenta existencia

He visto la nieve. Y su silencio
He visto el mar tranquilo. Y agitado
Mis muertos los he visto. Tantos ya
Con hondura he sentido a mis hijos. A los hijos ajenos
Y a los que no tendremos
A las barcas varadas las he visto
He bebido hasta el hartazgo
Me han amado y he temblado al amar
He vomitado horror ante el letargo ajeno
He sentido la angustia de saberme quimera
En pájaros de hierro, he volado más alta que una nube
con dios como concepto.
Ciertos días he cazado dragones al calor de mis padres.
He vivido la sed y el bien de su refresco.
Y todavía suma y sigue este *terrain vague*
porfía del que se vino a amar
un registro que, día a día, recoge el ojo del fotógrafo.
Con él los colmos permanentes
las ventanas abiertas, las sillas ocupadas, la mesa puesta
recreo permanente, la colación, cine y la música
                    nada que sobre de tal milagro
—*ah, si se pudiese nacer mil veces igual que nos mueren a traición*—.

Ahora estamos en enero y el mar es humedad y relente
si bien colmata la espera junto a él
las estaciones tres paradas más allá, y luego, ya se sabe, la clepsidra
resta de cumpleaños a vueltas.

Fruslería de celebración con tarta a la luz de luna plena

Sopla las velas velas velas magas, corazón
nunca se nos apagan.

II - Hojas de limón
en el jardín de loto

¿De quién huimos, si no es de nuestras madres?
LEZAMA LIMA

La madre es la plomada
solo su peso da la vertical.
YOLANDA CASTAÑO

I

Hoy hace aire y frío
pero también salimos de paseo.
Hemos robado limones.   Qué difícil
esto de ser señorita de ciudad y no saber
que hay que girar
el pedúnculo para desgajar el agrio.
¿Vas bien, madre? le pregunto.
Vas bien, responde.
Cómo se puede ser tan feliz así, empujando un carro
mientras bautizo el mundo de nuevo para ti:
jilguero, acelga, rosa, niña, acequia, abejaruco...
Sonríes a cada nombre. Tu mirada la colma ternura.
No hay duda, protagonizamos una hermosa película tecnicolor
tan pequeño y perfecto regalo es perdemos juntas.
Aunque mis ojos emborronan el paisaje.
                y ya no sé quién empuja a quién.

II

Las cinco.

Y la luna en el cielo, blanca e inusual en el paseo de la tarde.

¿La ves, madre?

La ves.

Caminamos en busca de Domingo

el hombre de la hoz que siega y alimenta a los conejos.

A las buenas tardes, nos cumple el que acopia alfalfa.

Prosigo hacia el rosal.

María, desde el quicio de su florido patio

advierte la presencia de mosquitos

y cubrimos los brazos con aceites.

Vamos de fiesta a inaugurar la creación:

la huerta, el campo, los jardines, las acequias.

Todo es estreno   la rosa tiene espinas.

¿Has visto el pájaro en el árbol? Parece una abubilla.

                    Las hojas secas del pino pinchan.

Escucha, madre, zurean las palomas.

Pregunto por la sed.

Volvemos a empezar la denominación.

¿Cantamos o te canto?

Buscamos por la cuarta dimensión de la memoria

otro tiempo más bello.

Vamos amarraditas las dos, espumas y terciopelo...

    A las cinco ronda la luna

        en el país de los agraciados.

III

Milagro, has exclamado al verme.
Me nombras milagro y te alborozas.
¿Cuándo yo tu milagro?
Saludamos a Tomás y a José.
Les coges las manos y se las besas.
Perezosa está la tarde, como de plomo, no hace bueno
hoy no saldremos a limones. Da igual.
Que aguarde nuestro trino el árbol de los pájaros.
Tomada por un brazo, torpemente, caminas a mi lado
peino tu pelo, tan blanco y tan brillante
hidrato brazos, cuello, piernas y manos
te enseño el truco y andamos hacia atrás por el pasillo:
es difícil empeño. Jugamos viendo jugar al parchís.
¡La suerte del cinco! Me cuento. Te como y te mato.
Leo poemas en voz alta   escuchas muy atenta
se te escapan suspiros   —lo sabes—
son tuyos esos versos de palabras hermosas.
Merendamos, y mientras bebes tu zumo
me miras vivamente, escrutas como nunca
¿te preguntas quién soy?   Nada importante.
Estamos juntas y atesoro esa mirada que antes tal vez
fui yo quien no la viera.   Ahora soy madre y sé.
Las horas se han marchado
poco más contigo puedo hacer que ser ahora yo

la que te arrope, bese tu frente y te guinde el embozo.
Se me antoja, que estas cosas pequeñas
sin sucedido apenas   nos hacen muy felices.

IV

Es fabuloso.
Extraordinario momento
este instante sin historia
el lento poco a poco
celaje naranja de un sol que se va y te adormece.
Agradecidos nuestros ojos
han vivido la magia de hasta otro día.
Las dos, juntas.

V

Antes, miedo a la soledad del silencio
parecía cosa de muertos.
Ahora   callada
recorres las estancias   muda   buscando
quién sabe qué.
Ahora toda eres de silencio.
Traición. Y pena enorme
que sospecha mi culpa, cuando, de noche

aviva y te escucha en sueños, gritando a voces:
—¿Estáis ahí...?

VI

Pese a pesares, qué precioso está el huerto
donde buscas atolondrada, y como si nada
tu flor de olvido.

VII

Subasto noches locas e insensatos los días
obsequio las heridas de medirnos la hechura
imposible, contando
—desmedida, anhelante—, por si no lo sabías
que para cuando pueda mañana será tarde.
Vendo mis ayeres, madre
                    solo quiero tu arrullo.

VIII

Tendremos que hacer algo.
Amar, amar   morir de empacho amando
mezclar los ápices, los cuerpos, los afectos

estar, estar, cogerte de la mano y caminar contigo
junto al rincón florido   abrazarte   cantar
retener el instante   mirarte mucho para mejor guardarte
frente a otros grandes planes del universo.
Y el pequeño ingrediente, o sea nosotras
vivas de genio
en medio la acidez y el cósmico temblor de la ternura
tarde tras tarde, ante un árbol limón.

IX

Así debe de ser
la pausa y el silencio
los prunos lilas
el cielo plano y gris
donde ensueño y sentido
y entre todas las cosas
palabras muy antiguas me llegan de tu voz
meciéndome desde el inicio los restos de mi vida.

X

Cómo escribir palabras… Solo
duelen y horadan hasta el estremecimiento.

XI

Carne que habitó entre nosotros
carne de la excelencia
carne del verbo, ella.

XII

La gracia, el pájaro, la vid
la lluvia, el don del arte y su misterio, el ángel
tú los tenías
contigo se fue la perfecta plomada
luto el mundo sin ti
la muerte para siempre mudó abril en duelo
                    en lluvia sucia, en légamo.

XIII

Si el hueco de tu cuerpo no me recoge
si el terciopelo de tu mirada un lugar en el mundo
no me concede
dime, madre, ¿qué seré yo?

XIV

Madre, la mi madre
envidia y donosura
de tus pies a cabeza, tu boca
y de tu boca el verbo.
Mas no estás, ya te has ido.
Envidia tú me tienes ahora
sin tu cabeza a pies, sin tu boca
verbo pequeño yo
la que te guarda y nombra.

ABRIL MEFÍTICO

No mientas más porque la luna
no a causa de la luna   ni de abril.
¿No es este el mes que cantan los poetas?
Reverbera diana en el cristal   ilusoria, embaucadora
a sabiendas de que no nos están permitidos
sus cantos de sirena ni el delirante coro de pájaros
o el botón de la lila en pugna por brotar
mientras la lluvia va cacheteando aceras
y el aire bate la máscara de un rostro
que dejó de sonreír.   No hay plácemes para ti.
No mientas. Siempre exageras   luna
riente, amatoria, blanca, esférica.
¿No escuchas mi farra triste? ¿No aflige nuestro insomnio?
Tu luz acuna promesas vanas   tu exuberancia falsifica fulgores.
De lejos te conozco luna de abril
la de la ronda y las flores...   marchitas
el mes que arribó bárbaro a llevarse a una madre
la que me pretende   mientras yo solo anhelo
desechar los naipes marcados de su baraja fulera.
Pero no la luna.

NOTA DE AGRADECIMIENTO

Gracias a la primera lectura de poetas cardinales: Francisco Díez de Castro, Eloy Sánchez Rosillo, y a la antífona de María de los Ángeles Pérez López, flor de acompañamiento.

A César Sanz, querido editor, por sus certezas crezco.

Este libro de poemas bebe de la tradición oral, de lo inopinado del lenguaje, de los maestros clásicos, de la ciencia y la metafísica, y siempre siempre del juego, ese asunto tan serio. Por eso, en cursiva y entretejidos con los míos, hay citas de: 'Salmo 91' de la *Biblia*, Carl Sagan y Ann Druyan, Jean Anouilh, Luis Eduardo Aute, Quevedo, Calderón de la Barca, Cortázar, Charles Bukowski, García Lorca, Vicente Huidobro, Quevedo. Madame de Staël, María Dolores Pradera, Blas de Otero y Cervantes.

Del primero al último de estos nombres, INFINITAS GRACIAS.

INDICE